ja
nein
vielleicht.

katharina bacher &
franziska viviane zobel

Vielleicht wird alles viel leichter

texte und bilder
zum wohlfühlen

IMPRESSUM,
das

wichtige buchinformationen.
nach dem impressum geht es los.

1. Auflage 2022

Verlag Freies Geistesleben
Landhausstr. 82, 70190 Stuttgart
www.geistesleben.de

ISBN 978-3-7725-3725-7
© 2022 Verlag Freies Geistesleben &
Urachhaus GmbH, Stuttgart
Umschlaggestaltung: Franziska Viviane Zobel
Illustrationen, Gestaltung & Satz: Franziska Viviane Zobel
Gesetzt in der Goodday
Druck & Bindung: DZS Grafik, Ljubljana
Printed in Slovenia

PROLOG,
der

vorwort. einleitung. einführung.

Dies ist kein Ratgeber. Es ist auch kein Selbsthilfebuch. Und trotzdem kann es in schweren Stunden und trüben Tagen aufheitern, an das Schöne erinnern oder einfach da sein zum Betrachten und Innehalten. Dieses Buch ist ein Wohlfühlbuch – neu gedacht. Es ist eine Einladung ans Gemütlichmachen, ans Perspektivenwechseln und ans Staunen. Es ist für alle gedacht und gemacht, die gerade niedergeschlagen sind, in einer kleinen oder größeren Krise stecken oder einfach eine Aufmunterung brauchen.

Auf den nächsten Seiten sind Kunst und Texte zu finden   Inspirationen für mehr Zufriedenheit, ein Sammelsurium der Wohlbefindlichkeit.
Sich gut zu fühlen ist wichtig und sollte nicht vernachlässigt werden.
Doch: Was lässt uns gut fühlen? Wer lässt uns gut fühlen? Und was hat es mit diesem Wohlgefühl in der Tiefe auf sich?
All diesen Dingen und Fragen versuchen wir in diesem Buch auf den Grund zu gehen und hoffen, das ein oder andere lässt auch dich besser, leichter und unbeschwerter fühlen.

Vielleicht wird alles viel leichter.

verschaffe dir einen überblick

Gemeinsam reisen wir in all den Themen, Bildern und Texten dieses Buches durch den ganzen Körper. Wir beginnen ganz oben und wandern langsam nach unten. All das machen wir im wörtlichen und im übertragenen Sinne.

Beginnend mit den «Gedankenspielereien» setzen sich die Bilder und Texte mit allem, was im Kopf vorgehen kann, auseinander. Perspektiven werden gewechselt und mögliche Ausstiege aus der Gedankenspirale gezeigt.

Die folgenden Buchseiten laden ein, einen «Augenblick durchzuatmen». Wir drücken nicht nur ein Auge zu, um endlich die langersehnte Pause zu machen.

«Gesprächsstoff» gibt es anschließend genügend, wenn vom unverständlichen Nein und Ja oder von unaussprechlichen Worten die Rede ist. Hier gibt es was auf die Ohren — klanglich, still und heimlich.

Echte «Herzensangelegenheiten» schlagen auf den folgenden Seiten. Uns geht ein Licht auf, wir verbinden uns freundschaftlich mit uns selbst und anderen und rufen uns wohltuende Stimmungen in Erinnerung.

Für gute «Bauchgefühle» sorgen festliche Gedanken, Genussmomente und Gefühle, die tief in uns wohnen. Wir kommen zuhause und bei uns selbst an und genießen die Aufmerksamkeit, die wir uns selbst schenken.

«Handverlesen» sind auch die Gedanken im vorletzten Teil des Buches. Wir erden uns, genießen dabei die Leichtigkeit und das Wohlgefühl in der Natur, ordnen noch einmal alles, was wir zu kennen glauben und merken, dass Bewegung und Veränderung die einzigen Konstanten sind.

Ein Anfang

Dies ist der Anfang eines Buches, der Anfang einer Idee und der Anfang einer Entdeckungsreise durch die schier unendlichen Weiten des Wohlbefindens. Anfänge haben es oft in sich — neu, ungewohnt und vielleicht anders als geplant.

Anfänge leiten Neues ein, beenden Altes und haben gleichzeitig diesen Zauber inne, der sich immer dann ausbreitet, wenn wir es wagen, etwas noch Unbekanntes zu beginnen.

In diesem Buch gibt es viele Anfänge. Viele Geschichten, Bilder, Texte und Wörter, die immer wieder mit der Neugierde eines Neuanfangs gelesen, betrachtet, hinterfragt und genossen werden können.

Dies ist ein Kunstbuch. Seine Welten, seine Bilder, seine Wörter sind kunstvoll, künstlerisch und manchmal bewusst künstlich gestaltet. Ein Kunstbuch, das zum Verweilen einlädt, zum Versinken, das immer wieder aufgeschlagen und immer wieder neu entdeckt werden kann.

und dies ist der anfang.

Es gibt keine Regeln. Das Buch kann von vorne nach hinten gelesen oder von der letzten Seite bis zum Anfang durchgeblättert werden. Es kann auf einer Seite aufgeschlagen und wieder zugemacht werden. Jede Seite steht für sich und zusammen ergeben sie ein Paket an Gedanken-spielereien, Herzensangelegenheiten und viel Gesprächsstoff.
Ganz bewusst haben wir uns entschieden, dich zu duzen. Weil es uns wichtig ist, dass du dich angesprochen fühlst. Denn all die Texte, Themen und Bilder, die dich berühren, meinen auch dich.
Mach dieses Buch zu deinem Buch.

Lass uns damit beginnen!

was würde es für unser
wohlgefühl bedeuten,
wenn wir unserem kopf
nicht alles glauben
würden?

Gedanken- Spielereien

ideenblumenwiesen

Seit Langem liegen sie dort.

Bewegen sich nicht fort.

Brauchen Liebe, Licht und Zeit.

Bin ich es gar, die sie befreit?

Seit Kurzem kann ich sie sehen.

In meinem Kopf sind schöne Ideen.

Es sind viele und manche noch ganz klein,

ich schau genauer in meinen Kopf hinein.

Langsam beginnen sie zu keimen

und ich mache sie zu meinen.

Die Ideen sind nicht länger nichtig,

sie werden größer, sind mir wichtig.

Wie Blumen beginnen sie zu sprießen,

ich kümmere mich, muss sie täglich gießen.

Kümmere mich um meinen Gedankengarten,

kann die bunte Blumenwiese kaum erwarten.

Lege täglich neue Samenkörner in die Erde

und wenn ich die ersten Pflänzlein sehen werde,

behüte ich sie und lasse sie leben,

denn nur so kann es Ideenblumenwiesen geben.

die idee

Ideen kommen
wie Blitze
wie Eingebungen
wie Erinnerungen
an etwas noch nicht Dagewesenes.

Ideen
kommen   und gehen

bleiben
und ziehen weiter
wie der Wind
die Wolken
wie Schatten im Licht.

IDEE,
die

erscheinung. beschaffenheit. urbild.
sehen. erblicken. zu erfahren versuchen.

Wenn ich meinen Kopf zur Seite drehe, sieht die Welt gleich anders aus.

PERSPEKTIVE,
die

durchschauen.
mit dem blick durchdringen.
betrachtungsweise. orientierung.

Der Blickwinkel, aus dem wir die Sachen betrachten, bestimmt zum großen Teil das, was wir in ihnen sehen können.

Perspektive einnehmen.

Wenn wir nicht weiterwissen, wie steckengeblieben sind, nicht mehr wissen, wo uns der Kopf steht.

Perspektive wechseln.

Um die Sache gehen.
Von einer neuen Seite betrachten.
Abstand zur Sache gewinnen.
Nicht zu eng sehen.
Hinausgehen.

Weggehen.

Die Sache liegen lassen.
Später zu ihr zurückkommen.

N
e
u
e Perspektive gewinnen

mehR als unseRe gedanken

Wir denken viel.

Und oft.   Denken nach

und vor

und über

und um.

Sind das, was wir uns erdenken.

Glauben an das,

was wir denken.

Wir sind unsere Gedanken,

könnte man denken.

Doch — wir sind noch viel mehr.

Wir sind unsere Gefühle, unsere Erinnerungen, unsere Erfahrungen, unsere Erkenntnisse. Wir sind unsere Wahrnehmungen, unser Bauchgefühl, unser Körper, unsere Sinne.

Wir sind unsere Umgebung, wir sind unsere Familie, wir sind unsere Gene. Sind unsere Veranlagung, unsere Erziehung, unsere Fähigkeiten. Wir sind unsere Kultur, unsere Sprache, unsere Herkunft. Wir sind unsere Vergangenheit, unsere Gegenwart, unsere Zukunft. Wir sind unsere Entscheidungen, unsere Lernerfolge, unsere Gewohnheiten.   Wir. Sind. Noch. Viel. Mehr.

universum

unendliche weite.
alleine?
bei weitem nicht.

universelle umarmung.
eine umarmung des universums.
die unendliche umarmung.

universum.
das in eines zusammengefasste.
das allumfassende.

es umarmt mich.
überkommt mich.
durchströmt mich.
es küsst mich zärtlich.

das universum.
es umfasst alles.
es umfasst auch mich.

unendliche weite.
alleine?
bei weitem nicht.

aussteigen aus der gedankenspirale

In meinem Kopf drehen sich die Gedanken.

Sie drehen sich hin und her und in sich zusammen – mein Kopf wird immer schwerer. Meine Gedanken drehen sich im Kreis und nicht nur das, sie drehen sich ein. Wie eine Spirale, die immer enger wird. Nicht nur meine Gedanken werden enger, auch meine Kehle schnürt sich zu, mein Herz scheint keinen Platz mehr zu haben und mein Bauch krümmt sich in sich zusammen.

Ich atme flach, tiefer schaffe ich es nicht.

Was kann ich tun?
Meine Gedanken drehen sich schnell und immer schneller. Schwindel ist nur eines der Gefühle in mir.
Ich will aussteigen aus diesem Karussell, aus diesem Gedankenjahrmarkt, aus diesem Zirkus.

Ich will wieder klare, gerade Gedanken denken. Will wieder ganz bei mir sein, ohne durchzudrehen.

Mein Herz klopft wild und ich will so nicht mehr.

Was kann ich tun?

Ich mache das Fenster auf. Atme frische Luft ein. Seufze aus. Atme wieder ein. Und aus. Trinke ein Glas Wasser. Setze mich hin. Senke meinen Kopf. Schließe meine Augen für einen Moment.

Langsam, ganz langsam, gelingt es mir, auszusteigen. Hinauszusteigen.
Einen Schritt zurückzugehen.
Langsam, ganz langsam, sehe ich mir selbst von außen zu. Sehe die Gedanken herumwirbeln, sehe den Strudel an Gefühlen und bemerke, wie sich die Spirale ausdreht, langsamer bewegt – auch der Schwindel legt sich.
Die Gedankenspirale scheint sich zu beruhigen.

Scheint sich zu lockern, zu entspannen und ich tue es auch.

Einen tiefen Atemzug später nehme ich wahr, dass diese Gedankenspirale sich öffnet und zu Gedankenkreisen wird. Über meinem Kopf schweben sie nun – Gedanken, in denen ich kreise.

Und wenn die Fahrt vorbei ist, bleibt ein kleiner Schwindel.

Doch auch der vergeht.

FEHLER und HELFER

fehleR und helfeR
bestehen aus den
gleichen buchstaben.
wie viel sie wohl
miteinandeR zu tun
haben?

es geht vorbei

Sie sagen, ich solle das Schöne sehen.

Solle positiv denken und mich auf das Gute konzentrieren.

Sie sagen, es gebe immer einen Weg und außerdem könnte es ja viel schlechter sein. Sie sagen, ich müsse lernen, alleine damit zurechtzukommen.

Und nicht zu jammern. Sie sagen, es gäbe keinen Grund zu weinen.

Sie sagen, so schlimm sei es nicht. Sie sagen, ich solle doch endlich das Glück in meine eigenen Hände nehmen.

Sie sagen, es wäre meine und nur meine Entscheidung, glücklich zu sein.

Was sie aber nicht sagen, ist, dass es auch schwere Tage gibt. Dass diese Tage andauern können und dass das Gute manchmal zu gute Verstecke hat.

Sie sagen nicht, dass sie mich verstehen — oder es wenigstens versuchen. Was sie nicht sagen, ist, dass ich um Hilfe fragen kann.

Was sie nicht sagen, ist, dass auch das manchmal schwer sein kann.

Sie sagen nicht, dass es gut ist zu weinen. Sie sagen nicht, dass sie mir glauben, dass das im Moment für mich schlimm sei. Und sie sagen nicht, dass das Schöne seine Zeit braucht.

Sie sagen nicht, dass es normal, menschlich und gut ist, nach vorne und zurück zu blicken. Was sie nicht sagen, ist, dass es schwierig, ja manchmal unmöglich scheint, mein Glück selbst zu gestalten.

Was sie nicht sagen, ist, dass es nicht nur
meine Entscheidung ist, glücklich zu sein.

Dass es dafür auch ein bisschen Glück braucht.
Weil sie es dir nicht sagen, sage ich es dir.

Es ist ok, sage ich dir.
Die Welt darf auch mal grau sein, sage ich dir.
Es geht v o r b e i , sage ich dir.

Friede mit mir selbst

Ich biete mir selbst den Frieden an.
Meiner Vergangenheit, meiner Gegenwart, meiner Zukunft.

Ich biete meinen Gedanken den Frieden an.
                  Meinen Ideen.
         Meinem Körper.
Meinem Wesen.
Meinem Sein.
Ich mache mir selbst ein ernstgemeintes, ein ehrliches, ein aufrichtiges
Friedensangebot.

Versöhne mich langsam mit mir selbst.
Versöhne mich mit der Zeit, die eine andere war.
Versöhne mich, weil ich manches nicht ändern kann.
Versöhne mich, weil ich nicht mehr die Schuld suchen, sondern Verant-
wortung finden möchte.
                  Versöhne mich mit mir selbst.
Mit dem, was ich gedacht und nicht gedacht, gesagt und nicht gesagt,
getan und nicht getan habe.

Nehme wahr, dass sich ein Gefühl in mir ausbreitet.

Leise, weich und unaufdringlich.
Zuerst noch klein und zart, aber spürbar.

Es breitet sich in feinen Bewegungen, in behutsamen Wellen, in immer größer werdenden Pulsen aus.

Ich lade es in alle Teile meines Körpers ein.
Hier darf es zuhause sein, dieses Gefühl.

Es ist die Zufriedenheit.
Und sie will bleiben.

einen
AUGENBLICK
DURCHATMEN.

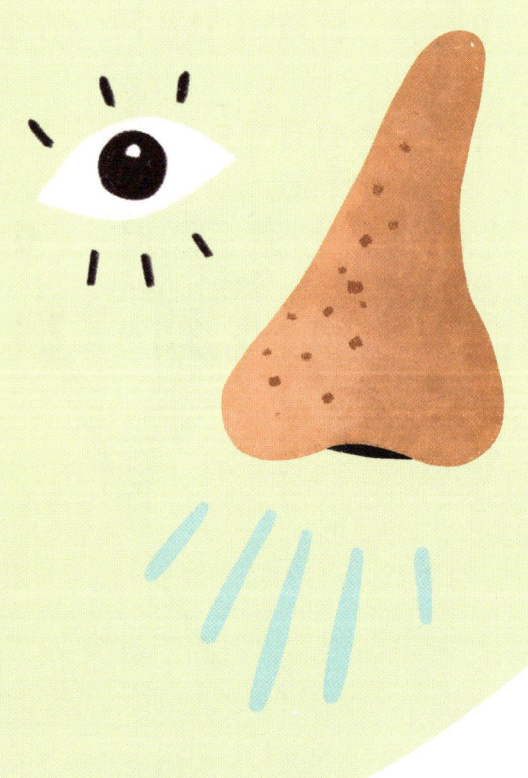

was passiert, wenn
wir einfach mal eine
verschnaufpause machen,
weil wir die nase voll
haben?

augenblick mal

Es dauert nur einen Augenblick, bis ich ganz wütend bin.
Und ein bisschen länger, bis ich mich wieder beruhige.

Es dauert nur einen Augenblick, bis ich mich verliebe.
Und ein bisschen länger, bis ich liebe.

Es dauert nur einen Augenblick, bis ich das Schöne sehe.
Und ein bisschen länger, bis ich es wahrnehme.

Es dauert nur einen Augenblick, bis ich höre.
Und ein bisschen länger, bis ich verstehe.

Es dauert nur einen Augenblick, bis ich bei mir bin.
Und ein bisschen länger, um dort auch zu bleiben.

beide augen zudrücken

Was passiert, wenn ich heute mal statt einem, meine beiden Augen zudrücke?
Wenn die Welt um mich herum sich weiterdreht, ohne mich um ihre Meinung
zu fragen?
Wenn ich meine Augen zulasse, auch, wenn ich glaube, es besser wissen
zu müssen? Wenn ich statt einem, einfach mal meine beiden Augen zudrücke und so tue, als wär ich nicht hier?
Was passiert, wenn ich heute mal nicht mitmache?
Wenn ich mich heute mal nicht verantwortlich fühle,
mich heute mal in meinen eigenen Gedanken

v e r l i e r e   ?

Denn es gibt Momente, in denen ich zu genau hinschaue.
In denen ich meine, dass nur meine Augen das Richtige sehen. In denen
ich aber auch erkenne, dass ich nicht alles alleine entscheiden muss.
Oder soll. Oder kann.

Also, was passiert, wenn ich heute mal meine beiden Augen zudrücke?
Auf die Gefahr hin, dass nichts passiert. Oder vieles. Mit dem Vertrauen,
dass ich beim Öffnen merke, dass es auch ohne mich geht.

Was passiert, wenn ich das heute
                einfach mal ausprobiere?

PERFEKTION,
die

vollkommenheit. vollendung.
zu ende gebracht.

Perfekt ist das, was vollkommen ist. Vollendet und zu Ende gebracht.
Doch schön ist es zwischendrin. Davor und währenddessen.
Perfekt ist das, was vollkommen ist. Vollendet und zu Ende gebracht.
Doch abenteuerlich, aufregend, belebt, berührend, erfreuend, erfül-
lend, farbenfroh, faszinierend, fröhlich, herzerwärmend, inspirierend,
kreativ, lebendig, liebevoll, lustig, motivierend, wild, zauberhaft,
zärtlich und echt ist es zwischendrin.

Davor und währenddessen.
Perfekt ist das, was vollkommen ist. Vollendet und zu Ende gebracht.
Doch Leben passiert dazwischen. Vor allem währenddessen.

wenn ich meine
augen schließe,
dann sieht die welt
gleich anders aus.

angst

Wenn die Angst kommt.
Und die Luft nimmt.
Der Atem stockt.

                     Wenn die Angst kommt.
                     Und sich über alles legt.
                     Wenn sie kommt.
                     Und nicht mehr geht.

               Der Atem stockt.

Wenn die Angst da ist.
Und sich breit macht.
Wenn die Angst kommt.
Und uns überwältigt.

Angst vor der Veränderung.

Davor, Fehler zu machen. Und vor der Unvollkommenheit.
        Angst davor, zu beginnen. Angst davor, zu beenden.

Angst vor der Perfektion. Und davor, etwas für immer Bleibendes zu hinterlassen.

         Wenn die Angst kommt. Und der Atem stockt.
             Was hilft dann?

Viele Dinge machen sich in unseren Tagen breit.
Wir sollten Prioritäten setzen.
Wir sind müde und ausgelaugt.

Sollten Prioritäten setzen.
Sollten auch mal Nein sagen.

Prioritäten setzen.
So leicht ist das gar nicht.
Prioritäten.

Hinsetzen.

Meine Priorität.

Priorität, die

vorrang. vorzug haben.
einen schwerpunkt setzen.

pRRRffff, chRRRRRuuuh, mhmmmmm

Atme tief ein. Halte den Atem,
während du diesen Satz liest.   Lass los.
Atme aus.   Seufze.
Atme tief ein und seufze noch einmal laut aus.

Lege eine Hand auf den Bauch. Beim nächsten
Einatmen spürst du, wie sich dein Bauch hebt.
Beim Ausatmen senkt sich die Hand und auch deine Schultern sinken
nach unten.
Die Haut zwischen deinen Augenbrauen ist
weich und entspannt.
Die Muskeln deines Mundes ziehen auf
der linken Seite leicht nach oben.
Und auf der rechten Seite.

Was passiert mit deinem Gesicht? Lächelst du etwa?
Atme noch einmal tief ein.
Deine Bauchdecke hebt sich, deine Schultern sinken beim Ausatmen
nach unten.
Ein.

Atmen: Wie schön das ist.
Aus.

MHM
MHHHH
CHHHRRR
FFFFFVVVV
PRFFFFF
BBPRRRR
AAHHHHHH
SHVVVV

pausieRen

Ich sollte die Wäsche aufhängen. Die Fenster mal wieder putzen. Einen Kuchen backen. Eine Runde spazieren gehen. Ich sollte staubsaugen und das Buch fertig lesen. Das Rad reparieren und den Speicherplatz auf dem Handy frei machen. Sollte neue Socken kaufen und die Spülmaschine ausräumen. Sollte die Arbeit abschließen und die E-Mails beantworten und bügeln und kochen. Sollte mich entspannen und die Einkaufsliste fertig schreiben und die Katze füttern und die Pflanzen gießen und die Oma anrufen und den Kleiderschrank aussortieren und Freunde treffen und und und und und und und und und und un... u...

Stopp.
        Aus.
Pause.

Nichts.

Ich setze mich. Und warte kurz. Für einen kurzen Moment gibt es diese Liste nicht.
Für diesen kurzen Moment mache ich Pause. All diese Dinge haben Zeit. Und alle auf einmal kann ich sowieso nicht machen. Diese Erkenntnis beruhigt mich.

mach mal

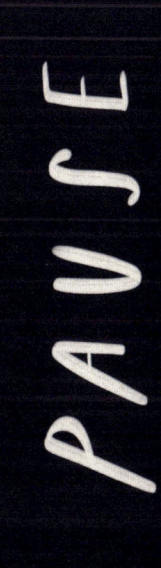

PAUSE

pause.

jetzt.

GESPRÄCHS-stoff

was macht stille

mit uns?

gut gemeint

Ich brauche keine Antworten.

Nicht jetzt.

Nicht hier.

Nicht gut gemeint.

Ich brauche keine Lösungen.

Keine Geschichten.

Keine Vergleiche.

Ich brauche keine Antworten.

Nicht hier.

Nicht jetzt.

Auch nicht gut gemeinte.

über das un-verständnis

Vielleicht wirst du mich nicht ganz verstehen. Und ich dich nicht.

Vielleicht verstehen wir uns gegenseitig einfach manchmal nicht. Und vielleicht wird das immer so bleiben.

Es wird Momente geben, in denen du mich nicht verstehst. Nicht, weil du nicht willst. Sondern, weil du nicht kannst.

Selbst wenn du es versuchst, wird es Momente geben, in denen du mich nicht verstehst.

Versteh mich nicht falsch. Ich halte dir das nicht vor. Ich habe es nur gerade erkannt.

Habe erkannt, dass ich auch dich nicht immer verstehen kann.

Ich kann es versuchen, doch es wird mir in manchen Momenten nicht gelingen.

Warum, fragst du? Warum wir uns manchmal einfach nicht ganz verstehen werden?

Weil wir zwar unsere Gedanken, aber unsere Köpfe nicht austauschen können. Weil wir einander zwar alles sagen, was wir meinen. Weil wir aber nie die andere, nie der andere sein können.

Verstehst du, warum wir uns nicht immer voll und ganz verstehen können? Weil du nicht ich sein kannst. Und ich nicht du.

Ob das schlimm ist? Nein, natürlich nicht. Wenn wir es wissen, wird es sogar verständlich.

Dass wir uns nicht immer ganz verstehen, das ist nicht tragisch. Solange wir uns nahe sind.

Und bleiben.

vom nein und vom ja

Wenn sich Gegensätze anziehen, es Schatten nur mit Licht geben kann
und der Sommer den Winter braucht, dann frage ich mich,
warum das Ja so oft alleine steht?

Wenn es den Tag und die Nacht, die Sonne und den Mond,
das Leichte und das Schwere gibt, dann frage ich mich,
warum das Ja so oft alleine steht?

Wenn es alt und neu, laut und leise, oben und unten gibt.
Wenn es ruhig und bewegt, lebendig und tot, wenn es kalt und heiß und
einsam und gemeinsam gibt, dann frage ich mich,
warum das Ja so oft alleine steht?

Ich frage mich, warum dieses Ja oft unsicher, unecht und unwirklich
alleine steht. Fehl am Platz, nicht angebracht, klein und zitternd.
Dieses Ja braucht das Nein. Ein klares Ja braucht ein klares Nein.

Ein starkes Ja braucht ein starkes Nein.
Ein von Herzen gemeintes Ja braucht ein von Herzen gemeintes Nein.

Ein überzeugtes Ja braucht ein überzeugtes Nein.

Ja.   Nein.

Onomatopoesie, die

die

lautmalerei. klangmalerei.

Regenprasseln. Blätterrascheln. Teekochen. Kuchenschmatzen.
tap tap tap tap. rassscchh. tscchhh. t s m m m m .

Buchumblättern. Kinderlachen.
chhhhubp. hihehi.

Wasserrauschen. Steineklappern.
s c h s c h s c h s c h . r r r r u u m m p .

Papierkritzeln. Pinselwaschen.
gritzzz. schkrrrschhh.

Kussgeschmatze. Schulterklopfer.
muah muah. taptap.

Wohlig fühlen.
mhmmmm.

Stille.
.

eine hymne an die musik

Ihr Klang
berührt mich
befreit mich
umgibt und erfüllt mich

Ihr Tempo
macht mich   l a n g   s   a   m   e   r
beflügelt mich
lässt mich tanzen
und innehalten
träumen und aufwachen

Ihr Rhythmus
wiederholt sich
bleibt in mir
trägt mich
bewegt mich
und lässt mich ruhig werden

Ihre Stimmung   trägt mich fort
lässt mich reisen und begreifen, dass es mehr gibt auf der Welt

Ihre Melodie umhüllt mich
umarmt mich
ummantelt mich
schwingt mit mir   hin   und   her

Ihre Sprache
eröffnet mir Welten
Lässt mich spielen
erkennen und erfahren
Lässt mich sie aufnehmen
mich durch sie ausdrücken

Die Musik lässt mich nicht los –
erlaubt mir aber
loszulassen

Sie kann mich transportieren
mir imponieren
mich berühren

In ihr

kann ich

mich

 verlieren

KONTAKT,
der

beRÜHRung. veRbindung,
die HeRgestellt wiRd.

Zuerst
in Kontakt kommen.

Dann
Kontakt aufbauen.

Und in Kontakt bleiben.

Plötzlich keinen Kontakt mehr haben.

Dann
den Kontakt verlieren.
Leider.

Dann wieder Kontakt aufnehmen.

Jetzt endlich
den Kontakt pflegen.

Und   in Kontakt bleiben.

stille gedanken

Stille.   Was ist das? Nichts? Oder alles?

Die Abwesenheit von Klängen, Geräuschen und Lauten?
Eine Wahrnehmung, eine Erscheinung, ein Empfinden?

Ein Rückzug oder ein furchteinflößender Zustand?
Etwas Schönes oder etwas, das wir kaum aushalten?

Stille.

Alles eben Genannte. Und nichts davon.

Stille meint empfundene Lautlosigkeit.
Stille meint ohne Bewegung, ohne Geräusch.

Stille meint das Nichtbewegen, den Stillstand.

Manchmal ist sie große Wohltat —
manchmal ist sie große Unsicherheit.

Sie kann großes Vertrauen und Wohlgefühl bedeuten —
und sie kann auch eine Antwort sein, die zu viel sagt.

Stille macht den Raum unendlich weit.
Und Stille kann dunkel werden, zu weit, zu leise.

Stille kann befreien.

Und Stille kann einengen.

Stille kann guttun und Stille kann Angst machen.
Stille ist wie diese große Decke, die sich ausbreitet
und alles unter ihr verschwinden lässt.

stille ist wie weiß.

sie nimmt alle farben in sich
auf. doch mit einem strich
farbe ist sie weg.

wenn ich schlafe,
dann sieht die welt
gleich anders aus.

Herzens-angelegenheiten

wie nahe müssen
wir uns sein, um
uns nahe zu sein?

ein liebesgedicht an das licht

Ein Liebesgedicht, an dich, schönes Licht.
Ein Liebesgedicht und ein Innehalten, machst die Dunkelheit kleiner,
lässt Helligkeit walten.

Dich liebe ich in jedem Sein,
dich liebe ich, auch ganz allein.
Dich liebe ich, deine Art zu strahlen,
dich liebe ich dafür, mit Schatten zu malen.
Dich liebe ich dafür, dass du immer wiederkehrst,
dass du mich Vertrauen, Sicherheit und Klarsicht lehrst.
Dich liebe ich dafür, dass du durchflutest den Raum,
dich liebe ich, Licht, auf dein Wesen kann ich bauen.
Dich liebe ich, Licht, denn du bist beständig,
kommst durch die kleinsten Spalten, machst mich lebendig.
Dich liebe ich, Licht, bringst Farbe in mein Leben,
dich liebe ich, Licht, du kannst mir so viel geben.
Dich liebe ich, Licht, veränderst alles und auch mich,
dich liebe ich, ständig veränderst du selbst auch dich.

An alles, das du in mir auslöst mit deinem Sein,
an alles, das du umhüllst und bewegst mit deinem Schein.
An alles, ich kann es kaum in Worten erklären,
möchte nicht daran denken, was wir ohne dich wären.
Dich liebe ich, schönes Licht.
Dies ist ein Lichtliebesgedicht.

wenn ich die
mütze über meinen
kopf ziehe, dann
sieht die welt gleich
anders aus.

die blumen auf dem tisch

Ich hab mir Blumen gekauft, sie stehen auf dem Tisch.

«Warum?», fragst du. «Warum nicht?», sage ich.

Ich hab mir Blumen gekauft und hab mich gefreut. Freue mich, wenn ich sie sehe. Hab's noch nicht bereut. Hab mir ein Kleid angezogen und mit mir getanzt, hab den Samen der Selbstfreundschaft in mir gepflanzt. Hab mir erlaubt, mich zu mögen, mich um mich zu sorgen, heute und morgen und übermorgen. So, wie ich einer Freundin Blumen schenke, wenn ich warmen Herzens an sie denke, so mach ich das jetzt auch mit mir und deshalb stehen die Blumen hier.

Du fragst, ob mir das immer leichtfällt?

Es ist wie mit allen Dingen auf der Welt.

An guten Tagen ist's leichter, an anderen schwer,

doch diese Freundschaft geb ich nun nicht mehr her.

Ich pflege sie und nehme mich wichtig,

denn ich merke, für mich ist das richtig.

Ich hab mir Blumen gekauft, weil ich Blumen sehr mag,

und sie zeigen mir jeden Tag,

dass es die kleinen Gesten sind, die mich verbinden,

mit denen ich es schaffe, wieder mehr zu mir zu finden.

Natürlich sind es nicht die Blumen allein,

doch kann ich mal nicht mit mir befreundet sein,

dann stehen sie dort und erinnern mich,

so möchte ich bleiben: selbstfreundschaftlich.

stimmungen, die schön sind und guttun

Es gibt Stimmungen, die einfach schön sind und guttun. Stimmungen, die uns an das Gute erinnern und es leichter machen, auch an dunklen Tagen ein bisschen Licht und Wärme im Herzen zu tragen.

Stimmungen, die nicht unbedingt greifbar sind. Und doch so nahe spürbar. Ausschnitte, Gefühle, Düfte, Empfindungen. Feine Schatten der Erinnerungen, die mit Worten schwer erklärbar sind.

Stimmungen, die uns in Sekundenschnelle an einen vermissten Ort oder in eine fast schon vergessene Zeit reisen lassen. Die uns träumen lassen, die uns bewusst machen, welch Kostbarkeit kleine Momente für uns bedeuten können.

Stimmungen, durch die wir für kurze Zeit dem jetzigen Moment entfliehen, uns auf einen Kurzausflug in unsere Gedanken, Erinnerungen und Empfindungen begeben.

Stimmungen, die in uns bleiben. Auch wenn der Moment bereits vergangen scheint.

über das starksein und das zerbrechen

Du wolltest stark sein, so stark. Für dich und für die anderen wolltest du stark sein. Hast dich durchgebissen, hast dich immer wieder auf die Beine gestellt. Hast es geschafft, die anderen auch noch zu unterstützen. Hast es nicht zulassen können, denn du wolltest stark sein. Irgendwie musstest du stark sein, hattest du das Gefühl.
Doch jetzt beginnst du zu brechen. Etwas in dir zerbricht. Und es tut dir weh. Natürlich tut es dir weh. Du wolltest doch stark sein, wolltest es schaffen. Hast lange geglaubt, es würde dir nichts ausmachen. Doch du merkst plötzlich, dass es nicht mehr geht. Dass auch du nicht mehr kannst. Dass auch du eine Pause brauchst. Und du erkennst, dass das Außen natürlich etwas mit deinem Inneren macht. Natürlich bricht in dir etwas zusammen, wenn in deiner Welt etwas zusammenbricht. Natürlich möchtest du dich am liebsten verstecken, wenn du dich nicht mehr wohl-fühlst da draußen. Natürlich fühlst du dich alleine, wenn du ganz oft alleine sein musst. Natürlich bist du traurig, wenn die Trauer die Welt beherrscht. Natürlich kannst du dich nicht immer für das Gute entscheiden. Natürlich ist es nicht nur deine Entscheidung.
Du wolltest stark sein. Und merkst, dass das nicht der einzige Weg ist. Dass stark sein auch heißen kann, zu brechen, das merkst du jetzt. Dass auch du manchmal verletzlich bist und Hilfe, eine Umarmung und ein offenes Ohr brauchst.

All das merkst du jetzt.

was ich (nicht) kann

Ich kann sie dir nicht abnehmen, deine Sorgen.
Ich kann sie nicht für dich fühlen, deine Gefühle.
Ich kann sie nicht sagen, deine Worte.
Ich kann sie nicht denken, deine Gedanken.
Ich kann sie nicht bekämpfen, deine Ängste.
Ich kann sie nicht lösen, deine Probleme.

Aber.

\\\ /

Ich kann dir beim Tragen helfen,
wenn dir die Last zu groß wird.
Ich kann mit dir weinen, mit dir fühlen, mit dir sein.
Ich kann dir zuhören, dich ausreden lassen.
Ich kann mit dir sprechen, lernen von dir.
Ich kann dich halten, dich umarmen, nahe bei dir sein.
Ich kann bei dir bleiben.
Ich kann es nicht ändern für dich.

Aber.
Vielleicht.
Kann ich es ein klein wenig leichter machen.

——

stimmungsvoll

Stimmungen, die berühren für den Moment.
Stimmungen, die bleiben als Geschenk.
Stimmungen, die mehr sind, als das, was war.
Stimmungen, die auch später sind noch ganz nah.

Eine Stimmung, die nicht beschrieben, wohl aber gespürt.
Sich in unsere Erinnerungen transportiert.
Dort verweilt, bis wir sie wieder brauchen.
So kann sie trüben Tagen Helligkeit einhauchen.
Stimmungen, die wie Schatten und Licht
ein Lächeln zaubern auf unser Gesicht.

Die nicht greifbar, doch aber spürbar sich benehmen.
Nach denen wir uns in manchen Momenten sehnen.

was passiert, wenn
bauch und herz und kopf
zusammenspielen?

bauchgefühle

ein kleines fest

Wie wäre es, einfach mal ein kleines Fest zu veranstalten? Ein kleines Fest, ohne Geburtstag zu haben, ohne Einladungen auszuteilen und ohne viel vorzubereiten?

Alleine.   Zu zweit.

Mit lieben Menschen.

Feste sind Erinnerungen an das Gute. Daran, dass es besondere Tage, Menschen und Zeiten gibt. Denn das Warten auf den richtigen, den einen Moment bedeutet viel Warten und wenig Feiern.

Grundlos etwas feiern? Grundlos nichts feiern?
Wie wäre es, darauf zu vertrauen, dass es immer irgendeinen Grund zum Feiern gibt?

Dass die Sonne scheint, zum Beispiel. Oder dass es regnet. Dass Montag ist oder Mittwoch oder Sonntag. Dass wieder ein Tag ohne Streit oder mit Versöhnung stattgefunden hat. Dass wir leben und dass wir atmen. Dass wir (wieder) gesund sind oder uns freuen können.

Alltagsfeste erzeugen Vor-, Währenddessen- und Nachfreude. Sie können dabei helfen, das Schöne hochleben zu lassen und uns daran erinnern, dass wir uns selbst Konfetti ins Leben blasen können. Dass wir unser Leben (mit-)gestalten. Dass sich das Gute auch erschaffen lässt. Wie wäre es, wenn wir unseren Alltag öffnen für ein paar unerwartete, festliche Momente?

verdichtete freude

Wir freuen uns über etwas, auf etwas, mit und für jemanden.
Sind voller Vorfreude, blicken freudig in die Zukunft.

Wir freuen uns alleine und zusammen.
Sind außer uns vor Freude.
Freuen uns still in uns hinein, manchmal sogar grundlos.

Wir bereiten anderen Freude, freuen uns doppelt, wenn wir sie teilen.
Sind freudig, machen Freudensprünge, Freudenschreie, empfinden Lebensfreude.

Wir freuen uns alleine und zusammen.
Sind außer uns vor Freude.
Freuen uns still in uns hinein, manchmal sogar grenzenlos.

stRess entsteht,
wenn das,
was passieRt,
dem weichen muss,
was passieRen sollte.

das schaukelnde schiff

Wie in einem schaukelnden Schiff
  sitzt du inmitten der Wellen.
    Die Wogen gehen hoch
und du schaukelst und schaukelst und schaukelst.
    Was passiert mit dir?
    In die eine, in die andere, in die falsche, in die richtige
      Richtung wirst du geschleudert.

  Die Wogen gehen hoch — doch du bleibst bei dir.
    Du wackelst, alles dreht sich — doch du kommst zurück zu dir.

  Wie in einem schaukelnden Schiff sitzt du inmitten der Wellen –
    große Wellen, starke Wellen.

      Und du merkst:
    Du musst nicht dagegen anrudern.
Du musst nichts ausgleichen.
Du musst nicht, nein.
  Du bleibst bei dir.
Auch im hohen Wellengang,
bleibst du bei dir.
  Bleibst sitzen. Bleibst ruhig.

        Auf diesem schaukelnden Schiff, das Leben heißt.

eingehüllt

Und was, wenn mein Körper die Hülle ist?

Die Hülle, die mich trägt, die mich wärmt und mich beschützt?

Die Hülle, die mich von einem Ort zum anderen begleitet?

Die Hülle, die es mir erlaubt, zu genießen, zu denken, zu schaffen?

Die Hülle, die mich umarmen, küssen, anderen nahe sein lässt?

Die Hülle, die meine Stimmungen nach außen zeigt?

Die Hülle, die weiß, was sie tut und was sie kann?

Die Hülle, die dabei auch mal gerne an der Hand genommen wird?

Die Hülle, die gesund bleiben und geheilt werden möchte?

Die Hülle, die ich brauche, um zu überleben?

Die Hülle, die aber nicht für immer lebt?

Und was, wenn mein Körper die Hülle ist?

Und was, wenn er nur

die Hülle ist?

der genuss

Genießen gehört zu den großartigen Eigenschaften unseres Wesens.
Wir können etwas scheinbar Normales auf eine andere Ebene heben,
es voll auskosten, es in uns aufnehmen, mit allen Sinnen wahrnehmen,
es nachhaltig abspeichern und zu einer guten Erinnerung machen.

genuss ist quasi das eintrittsticket in die unvergänglichkeit des moments.

Genussmomente sind die Lichtblicke,
die uns helfen, weiterzumachen und
uns daran zu erinnern, was uns selbst
guttut.

wut

Es brodelt.
Es zischt.
Es blubbert.

Wie ein Vulkan, der kurz vor dem Ausbruch steht,
    scheint auch die WUT es in sich zu haben.
Sie will heraus, sie muss heraus, sie kommt heraus.
Nimmt vielfältige Formen und Gestalten an, singt die lautesten Lieder
    und verwendet die wildesten Worte.

Wie der Vulkan, der nach dem Ausbruch raucht, scheint es auch
    nach dem **Wutausbruch** zu sein.

    Rauchend, schnaufend, erschöpft.
Und so, wie die Lava des Vulkans abkühlt, so kühlt die Wut ab.
Wie der Ausbruch zum Vulkan gehört,
    ist die WUT Teil des Lebens.

ZUHAUSE

Zuhause, sagst du, ist ein Gefühl. Zuhause.

Dieses warme, wohlige Gefühl, das dir kein anderer Ort geben kann.

Zuhause, sagst du, weißt du, wo die Dinge sind, kennst den Hausgebrauch und findest, was du suchst. Zuhause ist das, was du fühlst, wenn du dich auf einen bekannten Ort immer wieder freuen kannst.

Zuhause, sagst du, ist Geborgenheit, Sicherheit und Ankommen.

Immer wieder zurückkommen und immer wieder angekommen fühlen.

Zuhause riecht nach Zuhause, Zuhause sieht nach Zuhause aus.

Zuhause fühlt sich nach Zuhause an.

Zuhause, sagst du, ist der Ort, an dem deine liebsten Menschen sind.

Zuhause kann auch dort sein, wo du alleine sein kannst.

Zuhause muss kein Haus sein.

Zuhause kann auch mehr als ein Ort sein.

Zuhause, sagst du, ist dort, wo deine Bücher, deine Pflanzen,

deine Kaffeetassen, deine Kuschelsocken sind.

Zuhause, sagst du, ist dort, wo du nicht überlegst, was sich gehört.

Wie schön, sage ich, dass es diesen Ort für dich gibt.

Wie schön, sagst du, dass dies mein Zuhause ist.

schöne dinge

Apfelblüten. Im Sommer Beeren naschen. Orangenduft.

Schaukeln. Sonnenblumen. Sandstrand. Murmeln. Kuchen. Bäume im Wind.
Glitzer. Umarmungen. Blumenwiesen. Frische Luft. Aussicht. Freiheit.

Tränen. Warme Socken. Kerzenschein.

Stille.

Schnee. Knirschen des Schnees. Trockenblumen, die im Winter immer noch
Farben haben. Wunderkerzen. Gemeinsam essen.
Alte Videos anschauen. Am Boden liegen. Barfuß auf der sommerwarmen
Straße gehen. Den Frühling sehen. Den ersten Schnee riechen.
Regentropfen auf der Haut spüren.

Zeit nehmen, um Zeit zu haben. Dasitzen und in die Luft schauen.
Licht, das durchs Fenster hineinscheint.

Schöne Dinge begegnen uns überall. Was geschieht um dich herum?
        Kannst du es sehen?

wofür stehen wir?

heute so und morgen anders

Wie ein Fähnchen im Wind,
das sich beWegt,
suchen und finden wir
unsere   Richtung.

Merken, dass der Wind,
der uns beWegt,

                              von vielen Seiten

          kommen kann.

Was heute richtig ist,
          kann morgen falsch sein.
Was heute gut ist,
          kann morgen schlecht sein.
Was heute stimmt,
          kann morgen nicht mehr stimmen.

Denn der Wind,
der uns beWegt,
ändert wie wir
seine   Richtung
seine Stärke
sein Ziel.

verwurzelt

Ich möchte Wurzeln schlagen, mit meinen Füßen die Erde unter mir spüren, mit beiden Beinen voll im Leben stehen.

Möchte getragen werden, getragen sein. Möchte meine Hände ausstrecken, in alle Richtungen bewegen und das Schöne umarmen. Möchte stehen, stehen bleiben und widerstehen.

Möchte mich im Wind tanzend bewegen, mich beugen, aber nicht verbiegen lassen. Möchte mich verbunden fühlen, Teil des Ganzen sein und aufrichtig nach oben schauen.

Ich möchte Wurzeln schlagen, möchte bodenständig bleiben und die Welt zu meinen Füßen liegen haben. Möchte den Wind in meinen Haaren spüren, die Sonne, die mich zärtlich küsst, den Duft der Erde wirklich riechen.

Möchte verbunden sein. Mit der Erde.

    Mit dem Grund.   Mit dem Boden.
    Verwurzelt nach   oben
  und
nach unten wachsen.

be. weg. ung.

Wenn ich mich bewege,
  einen Weg zurücklege.
Mich fortbewege von einem Fleck,
   bin ich weg.

  Bewegung bedeutet, einen Weg zu gehen,
  Bewegung bedeutet, dort etwas anderes zu sehen.
   Bewegt zu werden und bewegt zu sein,
mich zu bewegen macht manche Probleme klein.

Bewegung im Kopf, Bewegung in den Beinen,
   ist nicht das Gleiche, könnte man meinen.
Doch Bewegung bedeutet, einen Weg zu
   gehen. An einer anderen Stelle etwas
   anderes zu sehen. Geradeaus, nach oben
   oder im Kreise, Hauptsache Bewegung
         in irgendeiner
            Weise.

HOPP

Bewegung kann den Kopf freimachen,
und uns bereit sein lassen für neue Sachen.

Bewegung in all seinen Möglichkeiten –
in all den möglichen und unmöglichen Zeiten.
Nach außen gehen, nach innen kehren,
leichter werden, anstatt sich zu beschweren.
Bewegt zu sein und bewegt zu werden,
ist wohl eines der schönsten Gefühle auf Erden.

Und wer es nicht glaubt, soll es wagen,
und die eigenen Energien nach außen tragen.
Ob gehend, denkend, sitzend oder im Stehen,
Bewegung, die kann immer geschehen.

HOPP

ROUTiNe,

die

wegerfahrung. geplanter (reise)weg.
handlung, die durch mehrmaliges
wiederholen zur gewohnheit wird.

Routinen können
      Halt geben
Unsicherheiten verstecken
Enge bedeuten
      Raum schenken

Routinen können
      Gemeinschaft erzeugen
Zusammenhalt schüren
      Alleinsein aushaltbar machen
      Einsamkeit beschweren

Sie können
Kleinkariertheit fördern
Großherzigkeit erlauben
Leichtigkeit kreieren
Dickköpfigkeit beflügeln

Und
Wichtigkeit einnehmen
Nebensächlichkeiten vergrößern
Regeln brechen
Grenzen wahren

Routinen können
aufgebaut
wiederholt
geliebt
durchgehalten
gefürchtet
aufgegeben
wieder aufgenommen
vergessen
nie eingeführt
werden

ode ans aufräumen

Dies ist eine Ode an das AufräumenKönnen,
ans Platzschaffen, mit Vergangenem versöhnen.
Ans Saubermachen, im Draußen und auch im Drinnen,
ans Ausmisten von Zeug und dem Zuviel in den Sinnen.
Ans Putzen und Schrubben und Dreckwegmachen,
ans Wegschmeißen von unliebsam gewordenen Sachen.
Dies ist eine Ode ans Staubwedelschwingen,
ans endlich nicht mehr mit alten Staubschichten Ringen.
Eine Ode ans Fensterputzen, ohne zu Klagen,
eine Ode an Klarsicht, auch an trüben Tagen.

Eine Ode ans Schmutz- und Krümelwegsaugen,
 ein Genuss für Herz, Ohren und Augen.
   Dies ist eine Ode ans Endlichnichtmehraufschieben,
 ans Machen und Tun und ans Ordnunglieben.
 Dies ist eine Ode ans Gefühl nach dem Ausmisten,
 an die mit unbrauchbarem Zeugs gefüllten Kisten.
 Eine Ode an das Wohlgefühl und die Leichtigkeit,
       ans Putzen und Ausräumen, denn beides befreit.

       Diese Ode ist ganz wörtlich gemeint,
    doch mit ein bisschen Rundumsicht vereint,
    lässt sie sich auch übertragen,
     auf Selbstfürsorge- und Wohlgefühlsfragen.

Eine Ode ans Saubermachen und ohne zu scherzen,
  wird das der Wohnung guttun und auch dem eigenen Herzen.

wenn ich mich
auf den boden
lege, dann sieht
die welt gleich
anders aus.

egal, was es ist.

Egal, was es ist. Wenn es dich glücklich(er) macht, dich berührt, dich erfüllt.

Mach es.

Egal, was es ist. Wenn es leicht geht, die Energie grenzenlos scheint, die Ideen kommen und nicht mehr gehen.

Mach es.

Egal, was es ist. Wenn es aus dir kommt, dein Inneres zum Tanzen bringt, deine Hände zittern lässt.

Mach es.

Egal, was es ist. Wenn es dir erlaubt, dich auszudrücken, dich zu zeigen, dich zu spüren.

Mach es.

Egal, was es ist. Wenn es sich richtig anfühlt, im tiefen Inneren.

Wenn die Zweifel kleiner als das Wohlgefühl sind, die Stimme, die dagegenspricht, leiser und das Herzklopfen lauter werden.

Mach es.

Egal, was es ist. Wenn es deines ist, du dich verbunden fühlst und irgendwie weißt, dass es gut ist und wird.

Mach es.

Egal, was es ist. Mach es.

Könnte ja GUT werden.

umaRm.
ung.
en.
um.
aRm.
en.
um.
aRm.
un.
geRn!

NATUR,
die

entstehen, geboren werden.
alles, das nicht von uns
menschen erschaffen wurde
und auch ohne uns existiert.

die kraft der natur

Die Natur, sie hat ihre Kraft. Sie macht,
was sie will und zeigt uns ganz klar
ihre Macht. Sie kann Landschaften grau
färben und im nächsten Moment die
Sonne durchscheinen lassen und
das Grau vergessen machen.